LA
FÊTE FRANÇAISE,

OU

LE 1ᵉʳ MAI 1847.

Par d'illustres efforts les grands cœurs se connaissent.
Th. CORNEILLE.

PARIS,

CHEZ TOUS LES MARCHANDS DE NOUVEAUTÉS.

—

1847.

LA

FÊTE FRANÇAISE,

OU

LE 1ER MAI 1847.

LA
FÊTE FRANÇAISE,

OU

LE 1ᵉʳ MAI 1847.

Peuple, accourez dans les temples, prosternez-vous au pied des saints autels, adressez au ciel vos prières et vos vœux !

Prêtres, ministres d'un Dieu juste, clément, protecteur de la France, élevez jusqu'à lui vos hymnes de gratitude et d'amour !

Députés, pairs de France, magistrats, généraux, vous tous qui, par position et par savoir, êtes char-

gés de faire entendre les félicitations des citoyens,
préparez vos discours, grandissez-les jusqu'à la hau-
teur de la reconnaissance publique !

Voici le 1er mai !

Qu'en ce jour de vénération et d'allégresse, on
n'entende que cris de joie et qu'expressions de bonheur !

Que tout soit pur, vrai, grand, comme l'affection,
l'orgueil, le respect de chacun de nous !

Cette fois, du moins, — nous sommes heureux
d'avoir à signaler cette circonstance toute particu-
lière, — nous n'avons à déplorer aucune de ces émeu-
tes qui troublaient autrefois la tranquillité de la capitale ; — aucune de ces conspirations qui remuaient
la population tout entière, et menaçaient ses intérêts en même temps que ses espérances ; — aucune
de ces tentatives criminelles qui s'attachaient à l'au-

guste personne du ROI, tourmentaient SA noble famille et déchiraient nos cœurs !

Le pays a été à l'abri de ces calamités : il a vécu dans le calme le plus parfait, et les institutions ont pu prendre librement les développements propres à chacune d'elles : — Que le génie du mal se tienne encore éloigné de nous pendant quelques années, et les destinées de notre nation seront glorieusement affermies.

Est-ce que la tranquillité dont nous jouissons enfin ne serait pas le fruit de la haute sagesse du ROI?

Sans doute elle doit découler des progrès que la France a faits dans la voie des croyances et de la foi.

Entrez dans les églises : — Avez-vous jamais vu un nombre aussi considérable de fidèles suivre les offices, se livrer aux exercices de piété, approcher de la sainte table?

Un sentiment intime les conduit.

Mais ce sentiment a une cause, a une origine.

Et d'abord, l'exemple de tous les membres de la famille royale a pu lui donner naissance.

Ensuite, la protection que le ROI accorde au culte en encourageant les ecclésiastiques, les éclairant sur des devoirs d'intelligence et de zèle, les raffermissant eux-mêmes dans l'abnégation et le dévouement du soldat de Dieu, les rassurant sur leur avenir, ils se sont montrés plus instruits, plus tolérants, meilleurs; et le peuple, que le fanatisme ou l'indifférence tenait éloigné du sanctuaire, est retourné à des consolations qu'il croyait perdues pour lui.

Ainsi le ROI a dirigé et secondé le mouvement des esprits; sa prévoyance s'est attachée à compléter l'ouvrage que son puissant esprit avait commencé : chaque occasion qui se présente nous en fournit la preuve.

La mort de Grégoire XVI laissait l'Église catholique veuve de son vicaire. Il était important que son successeur fût choisi parmi les hommes aux idées en harmonie avec les principes et les lumières de l'époque, surtout en communion politique avec la majorité des Romains.

Or, on sut qu'il y avait à Imola un évêque appartenant à la famille des comtes Mastaï, le cardinal Ferretti, qui s'était fait connaître par son savoir, sa bienfaisance, sa charité religieuse ; on sut que le peuple l'avait adopté, et qu'en le voyant passer il répétait sans cesse : *Voilà le futur pape, Dieu nous le donnera :*

Et le 16 juin 1846, *Jean-Marie* MASTAÏ FERRETTI recevait la tiare sous le nom de Pie IX, et une alliance suivait immédiatement entre le ROI et ce pape régénérateur ; et le ROI obtenait une bulle favorable au rétablissement modifié de l'ancien chapitre de Saint-Denis.

Suivant, avec une louable persistance, SON système de réformation morale, le ROI a porté la réforme dans l'Université, et une instruction plus conforme aux instincts populaires, et une organisation mieux appropriée à nos mœurs politiques vont faire du grand corps enseignant une véritable institution modèle.

L'administration gouvernementale ne ralentit point son action ;

L'assainissement et les embellissements de Paris continuent avec une activité prodigieuse ;

Les travaux publics se poursuivent sur toute l'étendue du territoire ;

Le commerce, l'industrie, l'agriculture, sont secourus et protégés ;

Les arts, les lettres sont spécialement encouragés, et la liberté de la presse n'a de limites que dans les infractions positives à nos lois ;

La justice a son cours régulier.

Jamais, dans aucun temps, la France ne s'est trouvée plus tranquille et plus prospère;

Jamais elle n'a été l'objet d'une estime plus généralement exprimée et d'un respect plus constant.

Nos vaisseaux parcourent toutes les mers, même celles de la Chine, entretiennent nos rapports à l'étranger, en créent de nouveaux, consolident l'influence de notre nom.

Et tandis que nos troupes pacifient l'Algérie, que la Kabylie prépare sa soumission;

Tandis que les indigènes de Taïti se rendent à la force de nos armes et se rangent sous l'obéissance et la protection de notre drapeau,

La France est l'objet des attentions et des hommages des princes de l'Europe et de l'Afrique.

Ibrahim, le bey de Tunis, Oscar de Suède, sont

venus visiter nos ports, étudier nos mœurs; la reine Marie-Christine a fixé sa résidence dans notre capitale. — Mehemet-Ali et l'empereur Nicolas se disposent à un voyage en France. — Le dernier de ces souverains nous a honorés d'une marque d'estime et de confiance que notre position indépendante a pu seule lui inspirer; il a acquis cinquante millions de notre rente. — Un différend s'est élevé entre le roi grec et le sultan de Constantinople; les partis, en Suisse, semblaient prêts à en appeler aux armes : nos ambassadeurs sont parvenus à neutraliser les mauvais effets que ces troubles eussent occasionnés. — C'est encore à notre concours que les États de l'Amérique du Sud devront leur complète pacification.

Et ce qui parle plus haut que tous ces événements en faveur de la politique adoptée par notre ROI, c'est le mariage de S. A. R. le duc de Montpensier avec une Infante d'Espagne, malgré les obstacles qu'on cherchait à opposer à cette union utile aux intérêts bien entendus des deux pays. — On parlait, à ce sujet, de rupture entre les cabinets de Paris et de Londres, du mécontentement des souverains du Nord : et la paix est partout !

C'est que le principe conservateur, qui est la base de la conduite du ROI dans les affaires du royaume, est de nature à rassurer contre toute interprétation méchante : — Ce que veut le ROI, c'est le bonheur et la gloire de sa dynastie, mais sans les séparer de la gloire et du bonheur de la nation, et sans qu'il en coûte une crainte aux autres princes, aux autres peuples.

Nul ne saurait douter sans crime que le ROI est dans le vrai, dans le juste, après une paix générale aussi prolongée, en présence du concours des mandataires de la France, à l'audition de ces cris répétés avec enthousiasme par nos soldats et par les citoyens, chaque fois que le monarque se montre au milieu d'eux.

Des actes qui relèvent de la bonté du cœur de

notre ROI perpétuent l'amour qu'il nous inspire.

Une inondation de la Loire avait fait de nombreuses victimes ; la cherté des grains avait jeté la misère dans les familles des ouvriers ; les rigueurs de l'hiver avait doublé les maux des gens nécessiteux : des secours immenses ont été au-devant du malheur et consoler des infortunes infinies.

Ainsi, le ROI gouverne, et nous vivons dans une paix profonde ; le ROI gouverne, et il n'est pas de douleur que son auguste main n'adoucisse :

QUE DIEU PROLONGE SES JOURS !

VIVE LE ROI !

Si les exigences du gouvernement occupent tous les instants du ROI, la REINE, MADAME ADÉLAÏDE, LES PRINCES, LES PRINCESSES, le secondent dans des soins confiés à leur tendresse ou à leur dévouement.

S. M. LA REINE, MADAME LA PRINCESSE ADÉLAÏDE,

MADAME LA DUCHESSE D'ORLÉANS et LES PRINCESSES, iné-
puisables dans les sentiments d'une bienfaisance ad-
mirable, commandent la reconnaissance du peuple.

S. A. R. LE DUC DE NEMOURS à la direction de
l'armée; S. A. R. LE PRINCE DE JOINVILLE, S. A. R.
LE DUC D'AUMALE, S. A. R. LE DUC DE MONTPENSIER,
à la tête de la marine, de l'infanterie, de l'artillerie,
méritent que la France leur tienne compte de leurs
services incessants.

Et ce jeune COMTE DE PARIS, enfant lié à nos destinées, d'une intelligence si précoce, déjà si digne de
sa famille, qu'il entende aussi le cri sympathique
de notre universel et respectueux attachement.

VIVE LA FAMILLE ROYALE !

VIVE LE ROI !

VINCENT-SÉBERT.

Paris. — Typographie de Firmin Didot frères, rue Jacob, 56.